AF460036

1882. 11 Mai

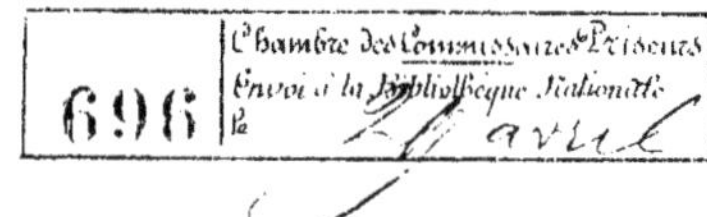

Vente du Jeudi 11 Mai 1882

DESSINS

ET

ESTAMPES

DE L'ÉCOLE FRANÇAISE DU XVIIIe SIÈCLE

Collection d'un amateur étranger

EXPOSITION PUBLIQUE

Le Mercredi 10 Mai 1882

M. MAURICE DELESTRE
COMMISSAIRE-PRISEUR
27, rue Drouot.

M. L. DUMONT
MARCHAND D'ESTAMPES
Quai des Grands-Augustins, 21

PARIS

ESTAMPES

DE L'ÉCOLE FRANÇAISE DU XVIIIe SIÈCLE

Pièces en noir et en couleur

BAUDOIN, — CHARDIN, — DEBUCOURT, — FRAGONARD, GREUZE, — LAVREINCE, — MOREAU, — RAMBERG, — ROWLANDSON, SAINT-AUBIN, — WATTEAU, ETC.

VIGNETTES

ALMANACH ICONOLOGIQUE DE GRAVELOT

DESSINS

BOUCHER, — CARMONTELLE, — DESFONTAINES, LAVREINCE, — LEPRINCE, — RAMBERG, — ROWLANDSON, SAINT-AUBIN, — SCHENAU, ETC.

TRÈS JOLIE GOUACHE DU XVIIIe SIÈCLE

Formant la Collection d'un Amateur étranger

DONT LA VENTE AUX ENCHÈRES PUBLIQUES AURA LIEU

HOTEL DES COMMISSAIRES-PRISEURS, RUE DROUOT, N° 9

SALLE N° 4

Le Jeudi 11 Mai 1882

A UNE HEURE ET DEMIE PRÉCISE

Me MAURICE DELESTRE
COMMISSAIRE-PRISEUR
Rue Drouot, 27.

M. L. DUMONT
MARCHAND D'ESTAMPES
Quai des Grands-Augustins, 21.

EXPOSITION PUBLIQUE

Le Mercredi 10 Mai 1882

CONDITIONS DE LA VENTE

Elle sera faite au comptant.

Les adjudicataires payeront *cinq pour cent* en sus des enchères.

ORDRE DE LA VACATION

L'ordre du Catalogue sera suivi.

DÉSIGNATION

ESTAMPES

ANONYMES

1 — Le Billard. Colorié.

Très belle épreuve, marges.

2 — Barrière des Champs-Élysées. — Premier May donné à la ville de Paris, par l'Assemblée nationale. En couleur.

Très belle épreuve, petites marges.

3 — Portrait de femme. Petit in-fol., à la manière noire.

Très belle épreuve avant toutes lettres, grandes marges.

AUVRAY

4 — Caroline de Lichtfield. — Adélaïde. Deux pièces en couleur.

Belles épreuves, marges.

BALÉCHOU

5 — La Naissance, — L'Enfance. Deux pièces, d'après Dandré-Bardon.

Très belles épreuves, toutes marges.

BALÉCHOU

6 — Madame Louise Elisabeth de France, duchesse de Parme, (La Terre), d'après Nattier.

Très belle épreuve, toutes marges.

BARTOLOZZI

7 — Their royal Highnesses the princesses Mary, Sophia and Amelia. D'après Copley.

Très belle épreuve, grandes marges.

8 — The Seamstress, d'après Romney. En couleur.

Belle épreuve, marges.

BAUDOIN

9 — Le Catéchisme, — Le confessionnal. Deux pièces gravées par P. E. Moitte.

Très belles épreuves, marges.

10 — Le Coucher de la mariée. Gravé à l'eau-forte, par Moreau le Jeune et terminé par Simonnet.

Très belle épreuve, marges.

11 — L'Épouse indiscrète, par N. de Launay.

Très belle épreuve, marges.

12 — Le Modèle honnête. Gravé à l'eau-forte, par Moreau le Jeune, et terminé par Simonnet.

Très belle épreuve, marges.

13 — La Sentinelle en défaut, par N. de Launay.

Très belle épreuve, marges.

BEAUVARLET

14 — Sébastien Joseph Carvalio, marquis de Pombal, en pied, assis dans son cabinet, d'après L. Vanloo et J. Vernet. Très grand in-fol., en largeur.

Très belle épreuve.

BONNET

15 — Madame la comtesse du Barry, en costume de chasse, d'après Drouais.

> Effacer par ses traits Vénus, Flore et les Grâces,
> Du dieu de la tendresse allumer le flambeau,
> Voir sans cesse voler le Zéphir sur ses traces,
> C'est, belle Du Barry, votre parfait tableau.

Grand in-fol., à la manière du crayon.

Très belle épreuve d'une pièce non décrite, grandes marges.

BOREL

16 — J'y passerai, par de Launay.

Très belle épreuve, toutes marges.

BUMBURY

17 — Amour et espérance. En couleur.

Très belle épreuve, marges.

18 — Evening or the man of feeling. En couleur.

Très belle épreuve, marges.

CHAILLOU (à Paris chez).

19 — La Charmante Victoire. En couleur.

Très belle épreuve, marges.

CHARDIN (J.-B. SIMÉON).

20 — Les Amusements de la vie privée, par L. Surugue. (E. B. 1).

Très belle épreuve, toutes marges.

21 — Le Bénédicité, par Lépicié (5).

Très belle épreuve, toutes marges.

22 — La Gouvernante, par Lépicié (24).

Très belle épreuve, toutes marges.

CHARDIN (J.-B.-Siméon)

23 — L'Inclination de l'âge, par Surugue (25).
Très belle épreuve, toutes marges.

24 — Le Jeu de l'oie, par Surugue (27).
Très belle épreuve, toutes marges.

25 — La Maîtresse d'école, par Lépicié (34).
Très belle épreuve, marges.

26 — La Mère laborieuse, par Lépicié (35).
Très belle épreuve, toutes marges.

27 — Le Négligé ou la Toilette du matin, par Lebas (38).
Très belle épreuve, toutes marges.

28 — La Pourvoyeuse, par Lépicié (45).
Très belle épreuve, toutes marges.

29 — La Ratisseuse, par Lépicié (46).
Très belle épreuve, toutes marges.

30 — La Serinette, par L. Cars (47).
Très belle épreuve, grandes marges.

31 — Les Tours de cartes, par Surugue (51).
Très belle épreuve, toutes marges.

CHAMPAGNE

32 — La Souricière, — La Bonne mère, — L'Enfant gâté, — La Ménagère, — La Mère trop rigide. Cinq pièces, gravées par Charpentier.
Très belles épreuves, grandes marges. Rares.

CLAESSENS

33 — Aspettare, d'après Coclers.
Très belle épreuve, grandes marges.

CLÉMENS

34 — Louisa-Augusta, princesse de Danemark et Norvège.

Très belle épreuve, marges.

COCHIN

35 — Le Château de cartes.

Très belle épreuve avant toutes lettres, petites marges.

36 — Le Jeu de comète.

Très belle épreuve, toutes marges.

COLINET

37 — Caroline, comtesse de Boufflers.

Très belle épreuve, marges.

COYPEL

38 — Jeux d'enfants, par Lépicié.

Très belle épreuve, petites marges.

39 — La Matrone d'Éphèse, par Desplaces.

Très belle épreuve, grandes marges.

DAULLÉ

40 — Marie, princesse de Pologne, reine de France et de Navarre, d'après Tocqué.

Très belle épreuve, toutes marges.

DEBUCOURT

41 — Les Bouquets ou la Fête de la grand'maman, — Les Compliments ou la Matinée du jour de l'an. Deux pièces en couleur faisant pendants.

Belles épreuves, marges.

*

DEBUCOURT

42 — Promenade du jardin du Palais-Royal, 1787. En couleur.

Très belle épreuve, marges.

43 — Le Canal. En couleur.

Très belle épreuve, grandes marges.

44 — Jouis, tendre mère. En couleur.

Très belle épreuve, marges.

45 — Les Courses du matin ou la Porte d'un riche. En couleur.

Très belle épreuve.

46 — Promenade au bois de Vincennes. En couleur.

Très belle épreuve, marges.

47 — Route de Poissy, d'après Carle Vernet. En couleur.

Belle épreuve, grandes marges.

48 — Route de Saint-Cloud, d'après Carle Vernet, en couleur.

Belle épreuve, grandes marges.

DEMARTEAU

49 — Vénus couchée, d'après Boucher.

Très belle épreuve, toutes marges.

DESCAMPS

50 — Illumination de la grande rue de la ville du Havre-de-Grâce, par Lebas.

Très belle épreuve, petites marges.

DESCOURTIS

51 — L'Enfant prodigue en débauche, d'après Taunay. En couleur.

Très belle épreuve, toutes marges.

DROUAIS

52 — Mademoiselle Pélissier, par Daullé.

Très belle épreuve, toutes marges.

53 — Jeune garçon avec un polichinelle, — Jeune fille relevant sa robe. Deux pièces, par Hémery.

Très belles épreuves, toutes marges.

DUGOURE

54 — Le Levé de la mariée, par Trière.

Très belle épreuve avant toutes lettres, petites marges.

55 — La même estampe.

Très belle épreuve, marges.

EARLOM

56 — A Fruit Market, d'après Snyders.

Très belle épreuve, marges.

EISEN

57 — Les Amusements champêtres, — Les Plaisirs champêtres. Deux pièces, par de Longueil.

Très belles épreuves, grandes marges.

58 — Le Concert champêtre, par de Longueil.

Très belle épreuve, grandes marges.

59 — Intérieur d'une galerie de tableaux : le Génie des arts semble présider à leur installation. Très jolie composition dans un cartouche ornementé, gravé par Le Mire.

Très belle épreuve, grandes marges.

FRAGONARD

60 — La Bascule, par Beauvarlet.

Très belle épreuve avec le nom de Boucher. Marges.

FRAGONARD

61 — Les Hasards heureux de l'escarpolette, par N. de Launay.

Superbe épreuve, ayant très peu de marges, mais assez cependant pour que l'on puisse voir que l'épreuve est avant la tablette et avant le fleuron de Choffard.

62 — La même estampe.

Très belle épreuve de la planche ovale, petites marges.

63 — Spirat adhuc amor, par le comte de Paroy.

Très belle épreuve, grandes marges.

64 — Le Petit prédicateur, par de Launay.

Très belle épreuve, marges.

GRAVELOT, COCHIN

65 — Almanach iconologique ou des Arts pour l'année 1765 et les années suivantes, 1766 à 1781, orné de figures avec leurs explications, par Gravelot.

Très bel exemplaire en feuilles. Quelques plaquettes sont de la grandeur des almanachs, les autres sont à toutes marges, mais en épreuves de premier tirage. Quelques-unes avant les numéros et avec les noms des artistes tracés à la pointe.

GREUZE

66 — La Bonne mère, par L. Cars.

Très belle épreuve avant toutes lettres, marges.

67 — La même estampe.

Très belle épreuve, marges.

68 — L'Enfant gâté, par Malœuvre.

Très belle épreuve avant toutes lettres, marges.

69 — La Cruche cassée, par Massard.

Superbe épreuve portant au verso les signatures du peintre et du graveur, marges.

GREUZE

70 — La Voluptueuse, par Gaillard.

Très belle épreuve, toutes marges.

71 — La Dame bienfaisante, par Massard.

Très belle épreuve avec la signature des artistes, marges.

72 — Le Paralitique servi par ses enfants, par Flipart.

Très belle épreuve avec la signature des artistes, petites marges.

HUET

73 — L'Amour offrant des présents à Ariane, par Bonnet. En couleur.

Très belle épreuve, grandes marges.

74 — Le Bidet, par Guelard.

Très belle épreuve d'une pièce rare, marges.

75 — L'Heureux chat, par Bonnet. En Couleur.

Très belle épreuve, grandes marges.

JANINET

76 — Ruines du palais du pape Jules. Restes d'un ancien temple; deux pièces d'après H. Robert. En couleur.

Très belles épreuves, toutes marges.

JAZET

77 — Bivouac des Cosaques aux Champs-Elysées, d'après Sauerweid. En couleur.

Très belle épreuve avant la lettre, marges.

78 — Course de traîneaux à Krasnoi-Kabah, d'après Sauerweid. En couleur.

Très belle épreuve avant la lettre, marges.

79 — La même estampe. En couleur.

Belle épreuve, marges.

JEAURAT

80 — La Relevée, par Lépicié.
Très belle épreuve, grandes marges.

81 — La Place des Halles, par Aliamet.
Très belle épreuve, grandes marges.

82 — La Place Maubert, par Aliamet.
Très belle épreuve, toutes marges.

KAUFFMANN (Angélea)

83 — Sa Majesté la reine Charlotte, par T. Burke.
Très belle épreuve, toutes marges.

LANCRET

84 — L'Air, — L'Eau, — Le Feu, — La Terre. Quatre pièces, par Audran, Cochin, Desplaces et Tardieu.
Très belles épreuves, grandes marges.

LARMESSIN (de)

85 — Marie, Princesse de Pologne, reine de France et de Navarre. D'après Vanloo.
Très belle épreuve, marges.

LAVREINCE

86 — L'Heureux moment, par de Launay.
Très belle épreuve.

87 — Le Serin chéri, par Duargle (Legrand). En couleur.
Très belle épreuve, grandes marges.

88 — Le Lever des ouvrières en modes, par Dequevauviller.
Très belle épreuve, marges.

LEBAS

89 — Vue de l'Ile Barbe à Lyon, d'après Olivier.

Très belle épreuve avant la lettre, marges.

90 — Réjouissances flamandes, — Troisième fête flamande. Deux pièces, d'après Teniers.

Belles épreuves, marges.

LEGRAND

91 — Ballet des Muses. Allégorie pour les menus-plaisirs du roi. Très jolie pièce de forme ronde, d'après Depalmeus.

Très belle épreuve.

LEMPEREUR

92 — La Sortie du bain. D'après Trinquesse.

Très belle épreuve, grandes marges.

93 — Le Festin espagnol. D'après Palamèdes.

Très belle épreuve, marges.

LEPEINTRE

94 — La Cage symbolique, par Fessard.

Très belle épreuve, petites marges.

LEPRINCE

95 — Le corps de garde, par Le Veau.

Très belle épreuve à l'état d'eau-forte pure, grandes marges.

LONGUEIL (DE)

96 — Vue du décintrement du Pont de Neuilly fait en présence du roi, le 22 septembre 1772, d'après J. F. de Saint Far.

Très belle épreuve avec l'encadrement de Germain et avant la réduction de la planche.

MARTINET

97 — Répertoire des spectacles de la Cour.

Très belle épreuve avec le cartouche en blanc, marges.

MARTINI

98 — Coup d'œil exact de l'arrangement des Peintures au Salon du Louvre en 1785.

Très belle épreuve, grandes marges.

99 — Lauda, — Conatum, Exposition au Salon du Louvre en 1787.

Très belle épreuve, grandes marges.

MÈCHEL (Ch. de)

100 — Portrait dans un entourage allégorique. D'après N. Guibal, lorrain, 1776.

Très belle épreuve avant la lettre, grandes marges.

MÉLINI

101 — Les Enfants du roi de Sardaigne. D'après Drouais.

Très belle épreuve, toutes marges.

MONSALDY et DEVISME

102 — Vue des ouvrages de Peinture des artistes vivants exposés au muséum central des Arts l'an VIII de la République française, planches 1 et 2.

Très belles épreuves, très rares à trouver réunies, marges.

MOREAU (le jeune)

103 — Les Adieux, par de Launay.

Très belle épreuve avec le privilège, grandes marges.

104 — Le Souper fin, par Helman.

Très belle épreuve, grandes marges.

MOREAU (LE JEUNE)

105 — La Dame du palais de la Reine, — Les Adieux, — Les Précautions, — La Rencontre au bois de Boulogne, — Rendez-vous pour Marly, — C'est un fils, monsieur. Six pièces en réduction.

Très belles épreuves, petites marges.

MORLAND

106 — The Squire's door, — The farmer's door. Deux pièces en couleur.

Très belles épreuves, marges.

107 — Louisa. Deux pièces en couleur.

Très belles épreuves, marges.

MULLER (J.)

108 — *Albert*, archiduc d'Autriche, gouverneur des Pays-Bas, *Isabelle-Claire-Eugénie*, gouvernante des Pays-Bas, sa femme. Deux portraits d'après Rubens.

Très belles épreuves, marges.

NIXON (J.)

109 — Rehearsing à Cotilion, par Cruisksank, 1792. Colorié.

Très belle épreuve.

OPIZ

110 — The Tiried Soldier par Ch. Knight. En couleur.

Très belle épreuve, toutes marges.

PATER

111 — Les Plaisirs de l'été, par L. Surugue.

Très belle épreuve, toutes marges.

PICART (Bernard)

112 — Concert dans un parc, 1709. Pièce in-fol. en largeur. Très intéressante pour les costumes.

Très belle épreuve, marge. Rare.

PORPORATI

113 — Vénus qui caresse l'Amour. D'après Battoni.

Très belle épreuve avant toutes lettres, le nom de l'artiste tracé à la pointe. Marges

PRUDHON

114 — L'Enlèvement de Psyché par Müller.

Très belle épreuve, toutes marges.

115 — L'Amour séduit l'Innocence, le Plaisir l'entraîne, le Repentir suit.

Très belle épreuve avant toutes lettres, grandes marges.

116 — L'Innocence préfère l'Amour à la Richesse, par Roger.

Très belle épreuve, marges.

117 — La Vengeance de Cérès, par Copia.

Très belle épreuve, marges.

RAMBERG

118 — Les Lunettes (pour les Contes de La Fontaine). Grand in-fol. en largeur. Coloriée.

Très belle épreuve, marges.

119 — Le Rossignol (pour les Contes de La Fontaine). Grand in-fol. en largeur. Colorié.

Très belle épreuve, marges.

120 — Le Muletier (pour les Contes de La Fontaine). Ovale en largeur. Colorié.

Très belle épreuve, grandes marges.

RAMBERG

121 — La Jument du compère Pierre (pour les contes de La Fontaine). Ovale en largeur. Colorié.

Très belle épreuve, grandes marges.

122 — The Exhibition of the royal Academy 1787, par Martini. Très jolie pièce coloriée de l'époque.

Très belle épreuve, marges.

123 — Scène de jeu. Grand in-fol., en largeur. Composition animée d'un grand nombre de personnages. Coloriée.

Très belle épreuve, marges.

124 — Scène de jeu. Grand in-fol., en largeur. Composition différente de la précédente. Coloriée.

Très belle épreuve, marges.

125 — La Tarentelle. Grand in-fol., en largeur. Colorié.

Très belle épreuve, marges.

126 — Le Marché d'esclaves. Grand in-fol., en largeur. Colorié.

Très belle épreuve, marges.

127 — La même estampe en réduction, petit in-fol., en travers. Bistre.

Très belle épreuve, marges.

128 — La Promenade; Société élégante rencontrant des lazzaronis. In-fol., en largeur. Colorié.

Très belle épreuve, marges.

RÉGNAULT

129 — Le Midi.

Très belle épreuve avant la lettre, marges.

ROWLANDSON

130 — Grog on board, — Tea on shore. Deux pièces coloriées.

Belles épreuves.

ROWLANDSON

131 — Anglais en novembre, — Français en novembre. Deux pièces coloriées.

Belles épreuves.

132 — The effects of disapointement. Colorié.

Belle épreuve.

SAINT AUBIN (A. DE)

133 — Intérieur d'une galerie de peinture. Eau-forte originale, signée et datée 1757.

Très belle épreuve, marges.

134 — Jupiter et Léda. D'après Véronèse.

Très belle épreuve avant la lettre, les noms des artistes tracés à la pointe. Petites marges.

SAINT AUBIN (d'après A. DE)

135 — Le Concert, par A. J. Duclos.

Belle épreuve.

136 — La Promenade des remparts de Paris, par Courtois.

Très belle épreuve, marges.

137 — Mes gens, ou les Commissionnaires ultramontains. Six pièces en hauteur, par Tilliard.

Très belles épreuves, marges.

138 — Premier et deuxième recueil de chiffres inventés par de Saint-Aubin. Onze pièces gravées par Marillier.

Très belles épreuves, marges.

SCHALL

1 9 — Le Modèle disposé, par Chaponnier. En couleur.

Très belle épreuve, toutes marges.

SCHMIDT

140 — Louise-Albertine de Brandt, baronne de Grapendorf.

Très belle épreuve, grandes marges.

SMITH

141 — La Visite au grand-père. En couleur.

Très belle épreuve, marges.

VANGOPHE

142 — Combat sur terre et sur mer, — Combat sur mer et sur terre. Deux pièces, par Guyot Bonnet. En couleur.

Très belles épreuves, toutes marges.

VERNET (C.)

143 — L'Anglomane, par Darcis. En couleur.

Belle épreuve.

144 — L'Incroyable à cheval. En couleur.

Très belle épreuve, toutes marges.

VIGNETTES

145 — *Binet.* Vignettes pour le Paysan et la Paysanne pervertie de R. de la Bretonne. Soixante-six pièces.

Très belles épreuves avant la lettre, toutes marges.

146 — *Freudeberg.* Vignettes pour les Contes de la reine de Navarre. Vingt-six pièces.

Très belles épreuves.

147 — *Gravelot.* Vignettes pour les œuvres de Voltaire, plus le portrait de Gravelot; ensemble trente pièces.

Très belles épreuves, toutes marges.

VIGNETTES

148 — *Moreau le Jeune, Lebarbier-Lebouteux.* Recueil de vignettes pour les chansons de Laborde. Trente pièces.

Très belles épreuves, toutes marges.

149 — *Moreau le Jeune, Cochin.* Recueil de vignettes in-quarto pour Jean-Jacques Rousseau. Trente-huit pièces.

Très belles épreuves, grandes marges.

150 — *Moreau le Jeune.* Vignettes in-huit pour Jean-Jacques Rousseau. Vingt-trois pièces.

Très belles épreuves tirées deux sur la même feuille. Toutes marges.

WATTEAU

151 — L'Enseigne, par Aveline.

Très belle épreuve, marges.

152 — La Mariée de village, par C.-N. Cochin.

Très belle épreuve, marges.

153 — L'Accordée de village, par N. de Larmessin.

Très belle épreuve, marges.

WIGSTEAD

154 — John Gilpin's return to London, par Jukes. En couleur.

Très belle épreuve.

WILLE

155 — Joueuse de cistre, par *Muller.*

Très belle épreuve, grandes marges.

156 — La Nouvelle affligeante, par Cathelin.

Très belle épreuve, grandes marges.

157 — Le Pucelage, par J. H. E.

Très belle épreuve, toutes marges.

DESSINS

ANONYMES

158 — Portrait d'un peintre assis dans son atelier.

A la sanguine.

159 — Objets d'art de la Manufacture de Sèvres, réunis dans une même composition.

Gouache très fine, encadrée.

160 — Vue des Tuileries et des bâtiments du Garde-Meubles.

Aquarelle, encadrée.

161 — Madame de Graffigny.

Joli dessin à la sanguine, encadré.

BACHELIER

162 — Fleurons, culs-de-lampe, pour illustration

Cinq jolis dessins à la mine de plomb.

BERNARD

163 — Marie-Antoinette, Reine de France, — Louis XVI.

Deux très jolis dessins à la plume rehaussés de couleur. Signés. Encadrés.

BOUCHARDON

164 — Projet de fontaine.

A la sanguine.

BOUCHER

165 — Amour vu de face.

Superbe dessin à la sanguine rehaussée de blanc, encadré.

BOUCHER

166 — Amour vu de dos.

Superbe dessin à la sanguine rehaussée de blanc, encadré.

167 — Madame de Pompadour.

Superbe dessin à la sanguine, d'une exécution et d'une finesse remarquable, encadré.

168 — La Marchande à la toilette.

Dessin non terminé, à la sanguine, encadré.

169 — Madame Favart dans le rôle de Ninette à la Cour.

Joli dessin aux trois crayons, encadré.

170 — La bonne Mère.

Très jolie esquisse à la sanguine, encadrée.

171 — Groupe d'amours.

Dessin aux trois crayons, encadré.

BOUCHER (Fils)

172 — Mascarons. Ornements.

Deux dessins à la sanguine.

CARESME

173 — Scène villageoise, Buveurs attablés, Jeune homme soulevant une femme dont les jupes se relèvent.

Gouache très fine. Signée. Encadrée.

174 — Nymphe et Satyre.

Très jolie esquisse à la sépia rehaussée de blanc, encadrée.

CARMONTELLE

175 — Fête dans un parc. Au premier plan, à gauche, quelques personnes regardent passer une voiture attelée de six chevaux à la livrée du duc d'Orléans; sur la droite des villageois regardent une parade en plein vent.

Très jolie aquarelle, encadrée.

CARMONTELLE

176 — Vue de la pointe de l'Ile-Adam. Personnages à cheval près d'une fontaine; à droite, un groupe de promeneurs.

Très jolie aquarelle, encadrée.

CAZENAVE

177 — La Volupté.

Dessin très fini au crayon noir. Signé et daté. Encadré.

CONSTANTIN

178 — Scène de Campagne. Composition importante.

Très joli dessin à l'aquarelle, signé.

DESFONTAINES

179 — Bossuet consolant les villageois de son diocèse.

Très joli dessin à l'aquarelle.

(Ce dessin et ceux catalogués sous les nos 180 à 189, ont été gravés par Sergent, Janinet, etc., pour les faits mémorables et fastes de l'histoire de France, par tableaux).

180 — Combat singulier de Barbazan, — Prise du château de Salvador.

Deux très jolis dessins à l'aquarelle.

181 — Le Chancelier de l'Hospital composant l'Édit de Romorantin, — D'Aguesseau sauve la France pendant la famine de 1709.

Deux très jolis dessins à l'aquarelle

182 — Entrée de Charles VIII dans Rome.

Très joli dessin à l'aquarelle.

183 — Prise de Luxembourg, par François de Créqui, — Charles de Créqui secourant la ville de Brême.

Deux très jolis dessins à l'aquarelle.

DESFONTAINES

184 — Folard donnant des leçons au comte de Barce.

Très joli dessin à l'aquarelle.

185 — Prise de la Rochelle par Richelieu, — Le chancelier Olivier déconcerte les intrigues de l'ambassadeur de Ferdinand Ier.

Deux très jolis dessins à l'aquarelle.

186 — Entrée de Jeanne d'Arc et de Charles VII dans Reims.

Très joli dessin à l'aquarelle.

187 — Fontenelle méditant sur la pluralité des mondes.

Très joli dessin à l'aquarelle.

188 — La Pêche miraculeuse, d'après Jean Jouvenet, — La femme adultère, du Poussin.

Deux très jolis dessins à l'aquarelle.

189 — Combat naval, — Abordage d'un navire.

Très joli dessin à l'aquarelle.

DESRAIS

190 — Un Porte-drapeau.

Très joli dessin à l'encre de Chine et à la sépia. Signé et daté 1772. Encadré.

191 — Scène de bataille. Campagne d'Italie.

Dessin à la mine de plomb d'une extrême finesse. Encadré.

192 — Scène de bataille. Campagne d'Égypte.

Dessin à la mine de plomb, très fini. Encadré.

ÉCOLE FRANÇAISE

193 — Le Meunier, son fils et l'âne, — L'âne chargé de sel et l'âne chargé d'éponges. Autre composition.

Trois dessins de vignettes pour illustrer les Fables de Lafontaine. A la plume.

ÉCOLE HOLLANDAISE

194 — Scène de jeu Composition importante.

Jolie gouache en forme d'éventail. Encadrée.

ÉCOLE ITALIENNE

195 — La Carcasse.

Dessin ancien très remarquable comme exécution, sanguine et sépia.

FREUDEBERG

196 — La Confiance enfantine.

A la plume et à l'aquarelle, encadré.

197 — Scène de jalousie Composition de trois personnages.

Joli dessin à l'aquarelle, encadré.

LANCRET

198 — L'Enfance.

Très joli dessin à la sanguine, encadré.

LAVREINCE

199 — Jeune femme debout appuyée sur une console.

Très joli dessin à la sanguine, rehaussée de blanc, encadré.

LEPRINCE

200 — Jeunes fillettes arrivant près d'un monument érigé à l'Amour.

Superbe dessin à la sépia et à l'encre de Chine, encadré.

201 — Jeunes fillettes au bord d'une fontaine ; à gauche, des laveuses.

Superbe dessin à la sépia et à l'encre de Chine, encadré.

LOUTHERBOURG

202 — Paysage avec animaux.

Dessin au crayon noir rehaussé de blanc, encadré.

MALLERY (Ch.)

203 — Cavaliers franchissant une barrière.

Très joli dessin à la plume et l'encre de Chine. Signé.

MEEL (de)

204 — Allégorie. Très jolie composition.

Aquarelle. Signée et datée. Encadrée.

205 — Allégorie. Composition différente de la précédente.

Aquarelle. Signée et datée. Encadrée.

OPIZ

206 — Intérieur d'une taverne. Composition de six personnages.

Aquarelle.

ORNEMENTS

207 — Cartouches. — Grilles. — Grotesques.

Trois dessins à la plume rehaussés de sépia.

RAMBERG

208 — Baigneuses se disposant à entrer dans l'eau ; à droite, des jeunes garçons les regardent en se dissimulant derrière les arbres.

Superbe aquarelle. Signée et datée 1796. Encadrée.

209 — Scène d'intérieur. Un vieillard regardant les astres pendant que sa jeune femme couchée donne sa main à un jeune garçon.

Joli dessin à la plume. Signé et daté 1812.

RANSONNETTE

210 — Sujets galants. Deux compositions différentes.

Deux jolies aquarelles. Signées.

ROWLANDSON

211 — Le Marchand de statuettes.

Très jolie aquarelle, encadrée.

212 — Place du Marché, à Waltham Abbey.

Superbe aquarelle. Signée et datée 1811. Encadrée.

213 — Scène d'intérieur. Fumeurs autour d'une table.

Très jolie aquarelle.

214 — Jeune laitière servant du lait à des ramoneurs.

Superbe aquarelle, encadrée.

215 — Le Duc de Buckingham.

Superbe aquarelle, encadrée.

SAINT AUBIN

216 — Jeune femme avec un foulard et une fanchon.

Très joli dessin aux trois crayons, très soigné et très fini comme exécution.

SCHENAU

217 — L'Esclavage affranchi. Sujet galant.

Superbe aquarelle. Signée et datée 1771.

218 — Jeune couple se promenant dans une allée.

Très joli dessin à l'encre de Chine. Encadré.

SIMON

219 — Portrait d'un militaire.

Dessin au crayon. Signé et daté an IV. Encadré.

SPOEDS

220 — Le Marchand de tableaux.

Beau dessin à la sanguine. Signé.

TORO

221 — Ornements. — Cartouches.

Deux dessins à la plume.

WATTEAU

222 — Tête de nègre, profil à droite. — Même tête, profil à gauche.

Deux jolis dessins à la sanguine.

WERKOLIE

223 — Portrait d'homme dans un encadrement.

Joli dessin à l'encre de Chine.

WILLE

224 — Portrait d'homme en buste.

Au crayon noir rehaussé de blanc, sur papier bleu.

GOUACHES

WATTEAU DE LILLE (Attribué à)

225 — Fête de village. Composition très importante, avec un grand nombre de personnages.

Superbe gouache, encadrée.

ANONYME

226 — Marine. Portiques, gondoles.

Très jolie gouache ronde, encadrée.

Paris. — Imprimerie Pillet et Dumoulin, 5, rue des Grands-Augustins.

www.ingramcontent.com/pod-product-compliance
Ingram Content Group UK Ltd.
Pitfield, Milton Keynes, MK11 3LW, UK
UKHW020515180726
13839UKWH00005B/2092

9 782329 530369